Reinaldo Rodríguez Anzola

¿PRETENDES SER FELIZ?

La felicidad en 7 capítulos

¿PRETENDES SER FELIZ?

La felicidad en 7 capítulos

©Reinaldo Rodríguez Anzola

2018

ISBN: 9781976948411

rey253@hotmail.com

@RodríguezAnzola

@SobrelaVida

reinaldorodriguez@facebook.com

reinaldorodriguez.blogspot.com

A mi muchachita Emperatriz Valera

ÍNDICE

EPÍGRAFE

Despierta. No dejes que te invada el sueño. Cada hilo de luz, cada sonido, presagios son del día. Intégrate a las cosas. Aunque todo se escape siempre queda un algo, un leve matiz de presencias que fueron. Pon a girar tus manos. Limpia tus espacios. Descubre las esencias, las fragancias ocultas. Enciende la lámpara que los otros apagaron. Qué importa que te quede sólo un levísimo respiro. Vivir es infinito.

Antonia Palacios / "Ese oscuro animal del sueño"

> **Un sabio no tiene ideas.**
> **François Jullien**

-1-

Se es sabio y feliz desde el no saber.

-2-

Nos hacemos humanos sabiendo algo,
por eso es tan difícil trascender el
conocimiento.

-3-

 El conocimiento no es suficiente para
ser sabio.

-4-

La realidad nunca será conocida.

-5-

Creer saber no es sabiduría y te aleja de la totalidad de la vida.

-6-

Sabiduría y felicidad surgen desde la ignorancia.

-7-

Los conceptos que tienes sobre felicidad y sabiduría no son ciertos.

-8-

Las palabras sabiduría y felicidad no son la realidad.

-9-

¿Qué eres? ¿De dónde vienes?
¿Para dónde vas? ¿Existes? Una
sola respuesta: bla, bla, bla, nada.

-10-

Con la ilusión de saber se escinde
el mundo.

-11-

Nada sabes con certeza.

-12-

¿Acaso alguien sabe sobre las
ultimidades de la vida y la muerte?

-13-

Creemos saber cómo son las cosas,
pero nadie sabe Lo Que Son,
el qué siempre se escapa.

-14-

Enigma: nos caracteriza el yo
y el pensamiento, aunque no son nuestra
esencia.

-15-

El conocimiento no incluye el qué
de las cosas.

-16-

Como todo es enigma, acepta
tu ignorancia.

-17-

La respuesta a cualquier pregunta
última es no sé.

-18-

 Si el misterio está en todo,
somos enigma.

-19-

Lo que nace muere. La mente ignora lo
infinito.

-20-

¿El universo es eterno? ¿Por qué existe
algo en vez de nada? ¿Qué es la vida y
la conciencia? Todo es enigma.

-21-

No sabes qué es la vida, ni su sentido
último, si es que lo tiene. No sabes de
dónde viene ni a dónde va la vida. Nada
sabes sobre la muerte.

-22-

Desde el pensamiento, la verdad absoluta
de la vida y la muerte es que no existe
ninguna verdad absoluta.

-23-

Ni en el pensamiento ni en las palabras
está la verdad.

-24-

El conocimiento humano, lo dijo Kant,
tiene un límite insalvable: lo fenoménico.
Algo sabemos de la vida porque se
presenta en espacio-tiempo, diferente a
su origen que está más allá del tiempo.

-25-

 No saber te señala el camino del vivir
en vilo.

-26-

Es una verdad evidente tu radical
ignorancia.

-27-

No basta con creer que no sabes,
se requiere vivir desde la ignorancia.

-28-

Sin ignorancia no hay vida espiritual.

-29-

Vivir desde la ignorancia es infrecuente,
todos creemos saber algo.

-30-

No saber sucede, no puedes lograrlo.

-31-

Sólo desde la ignorancia
hay capacidad de asombro.

-32-

El conocimiento no sirve
para lo espiritual.

-33-

La sabiduría y la felicidad existen
sin el ego.

-34-

Nadie sabe qué es la vida,
por eso no hay sabios.

-35-

La vida es sabia, por eso la sabiduría
existe.

-36-

Si no conocemos las respuestas últimas,
forzoso es aceptar nuestra ignorancia
radical.

-37-

Sin ignorancia no hay asombro.

-38-

Trascender el pensamiento transformará
la humanidad.

-39-

Despertar es trascender
el pensamiento.

-40-

Para llegar a ser humano nos
condicionaron a identificarnos con
la forma y el pensamiento. Para ser
sabios y felices hay que trascender
el pensamiento.

-41-

Felicidad y sabiduría son iguales
a realidad. Ego es igual a ilusión. Por
eso, sabiduría y ego son antagónicos.

-42-

Aceptar la realidad es hacer con gusto
lo que sea necesario hacer, aunque no
nos guste.

-43-

Para gozar lo que hay que hacer y no
nos agrada se necesita hacerlo con
conciencia presente, con conciencia
despierta.

-44-

La conciencia presente permite
el hacer despierto, sin apegos
a los resultados.

-45-

El "negarte a ti mismo" de Jesús,
es trascender la ilusión del ego y
la ilusión del ente individual.

-46-

La verdad está más allá de las ideas.

-47-

No tenemos acceso a verdades absolutas.

-48-

El problema con Dios es
que no es evidente.

-49-

Lo más evidente es "soy".

-50-

Para crecer espiritualmente,
deja de creer.

II - ASOMBRARSE

**Sorprenderse,
extrañarse, es comenzar a entender.
José Ortega y Gasset**

-1-
Todo resulta paradójico
porque lo ilusorio existe.

-2-

La persona es creada por la mente
para vivir en sociedad,
¿no te asombra su ilusoria existencia?

-3-

La capacidad de asombro permite
ver que una inexistente persona es
la que habla de realidad.

-4-

¡Qué asombroso es hablar de todo
como si estuviéramos separados
de algo!

-5-

Hablas del universo como
si estuvieras fuera de él,
¿ves lo absurdo?

-6-

¡Asombroso! Una ilusoria persona
cree ser la hacedora.

-7-

Se requiere capacidad de asombro
para ver que todo lo hace la vida,
aunque creemos ser el hacedor.

-8-

El fluir de la vida causa asombro.
Al identificarte con la persona
ese fluir cesa, dejas de ser
uno con la vida.

-9-

¡Asómbrate! Si la persona es
una ilusión, tampoco hay hacedor.

-10-

Eres enigma, pero el ego
no lo acepta.

-11-

La verdad es otro invento
del pensamiento.

-12-

Asombra la paradoja de ser sujeto
y objeto de toda pregunta.

-13-

¡Asómbrate!: Todo conocimiento
oculta el misterio.

-14-

Vives en la ignorancia radical,
aunque no lo reconozcas,
¿no te asombra?

-15-

De niño tenías la capacidad
de asombro intacta, ¡recupérala!

-16-

Si nada sabes todo te asombra.

-17-

Naces con capacidad de asombro,
las creencias te la quitan.

-18-

El niño con su capacidad
de asombro intacta ve todo como es:
un misterio.

-19-

Pierdes la capacidad de asombro
al identificarte con la persona.

-20-

Eres el mundo. Un niño es
el mundo. ¡Regresa al origen!

-21-

El yo es ilusión, aunque no podemos
vivir sin él, ¿no es asombroso?

-22-

La ficticia persona permite vivir
en sociedad, ¿no te asombra?

-23-

Sólo se conoce el mundo dual,
por ello asombra intuir la unidad del
universo.

-24-

¡Asómbrate!, nunca te relacionas con
la realidad. Eres la realidad.

-25-

La desconocida realidad asombra:
intuimos su unidad.

-26-

La capacidad de asombro permite ver
que no eres lo que crees ser.

-27-

¡Puedes ser feliz en este instante! ¿No
es asombroso?

-28-

Asombra ver que todo lo hace la vida y
no tú.

-29-

No saber qué eres ¿no te asombra?

-30-

Añoras la niñez con su capacidad
de asombro.

-31-

¡Asómbrate! No sabes qué es
un grano de arena ni una brizna
de hierba.

-32-

Sin capacidad de asombro no hay
sabiduría ni felicidad.

-33-

La capacidad de asombro está
en el presente.

-34-

En el presente todo es misterio,
recupera tu capacidad de maravillarte.

-35-

¡Es asombroso!, para pensar hay
que dividir la unidad del mundo.

-36-

Para vivir en sociedad, utilizas
ficciones, al identificarte con ellas
la capacidad de asombro disminuye.

-37-

El yo y la persona son ficciones, creer
que tienen sustancia real te aleja de la
realidad y del asombro.

-38-

La capacidad de asombro viene
del misterio de todo, incluyendo
el enigma del yo y la persona.

-39-

Somos naturaleza, pero el yo y la persona creen ser otra cosa, ¿no te asombra?

-40-

Asombroso: las creencias nos separan ficticiamente de la naturaleza.

-41-

Las palabras no son la cosa, al identificarte con ellas tu capacidad de asombro disminuye.

-42-

¡Asómbrate!, solo te relacionas con ideas y nunca con la realidad.

-43-

Sujeto y objeto son inventos nuestros,
¿no te asombra?

-44-

La realidad asombra por su misterio, y
al interpretarla creamos una realidad
ficticia.

-45-

La capacidad de asombro te devuelve
tu propia luz, la que surge de la vida
misma, sin intermediarios.

-46-

El universo es una unidad
y la capacidad de asombro permite
intuirla. ¡Vivenciar la unidad de todo
asombra!

-47-

Hay asombro cuando la persona
no está.

-48-

Antes de creer saber, prevalecía
tu capacidad de asombro.

-49-

Sin capacidad de asombro
no hay curiosidad.

-50-

Sin capacidad de asombro
dejas de crecer.

No tengo ningún talento especial.

Lo que soy es apasionadamente curioso.

Albert Einstein

-1-

Pierdes curiosidad al identificarte con la persona.

-2-

Cuerpo y mente no están separados, pero el pensamiento los divide.

-3-

Para vivir en sociedad, utilizas ficciones,
al identificarte con ellas pierdes curiosidad.

-4-

El yo y la persona son ficciones,
si te identificas con ellas disminuye
la curiosidad.

-5-

La curiosidad viene del asombro ante el
misterio.

-6-

Eres naturaleza, aunque lo olvidas.

-7-

Tus creencias te separan
de la naturaleza.

-8-

Las palabras no son la cosa, deja de identificarte con ellas.

-9-

A las imágenes creadas por la mente las llamas realidad, pero no sabes qué es la realidad.

-10-

No sabemos lo que en realidad somos.

-11-

Es curioso: No sabes qué eres,
pero te das importancia.

-12-

¿No te resulta curioso que sea
la inexistente persona la que habla
de realidad?

-13-

El yo no existe y ¡qué difícil
es negarlo!

-14-

La vida siempre es presente,
en cambio la persona vive
en el pasado o en el futuro.

-15-

Identificándote con la persona
se soslaya el misterio de la vida.

-16-

La persona siente miedo de
la falsedad de sus creencias.

-17-

¡Qué curioso! No sabemos
qué somos.

-18-

Creemos ser persona, aunque nadie
ha visto una ni demostrado
su existencia.

-19-

¡Pregúntate!: Si la persona es ilusoria
¿quién es el hacedor?

-20-

¿En verdad crees que en ti hay dos
entes distintos: un cuerpo y un yo-
hacedor?

-21-

¿Realmente crees estar separado
de la naturaleza?

-22-

Creernos persona nos aleja de
la naturaleza eterna y no dual.

-23-

Creerte persona disminuye
tu curiosidad.

-24-

   ¡Qué curioso!, no son nuestra esencia,
pero nos caracteriza
el yo y los pensamientos.

-25-

   Recuperas la curiosidad cuando cesa
la identificación con la persona.

-26-

¡Qué curioso!: "Lo más importante está
oculto por su simplicidad
y cotidianidad." Wittgenstein.

-27-

   No huyas del miedo, ¡Acéptalo!
Es curioso que esa sea la forma
de superarlo.

-28-

No deja de ser curioso que
el misterio surge con el pensamiento.
En la naturaleza no hay misterio.

-29-

No sabemos qué somos
¿no es curioso?

-30-

Crear vidas después de la muerte y
dioses para lo inexplicable son excesos de
la mente.

-31-

Cuando se vive desde el pensamiento,
se añora la curiosidad del niño.

-32-

Identificarte con la persona te aleja
de la naturaleza eterna y no dual,
que es tu realidad.

-33-

La felicidad y la sabiduría son
sin tiempo, en cambio, la persona
es mortal.

-34-

Cuando niño tenías intactas tu
capacidad de asombro y tu curiosidad,
¡Recupéralas!

-35-

El verdadero Yo es inasible.

-36-

El presente es lo único que existe.

-37-

Ser curioso para convertir
el asombro en saludo cotidiano.

-38-

Es curioso que somos todas las cosas
porque ellas nos constituyen, pero no
sabemos qué es ninguna de esas cosas, ni
lo que es la energía.

-39-

Somos agua y materia porque
la bebemos y comemos. Somos aire
porque lo inhalamos y exhalamos.
¿Seremos algo más?

-40-

Somos lo que constituye al universo,
y somos vida porque existimos.

-41-

Podríamos ser una ilusión, pero una
ilusión el algo. Somos algo indefinible
como la vida misma.

-42-

Somos enigma y nuestra misión
es enigma.

-43-

En la falta de sentido de la vida está
la razón para disfrutar del misterio
de la vida.

-44-

El verdadero Yo siempre ha existido, en
la energía y en los átomos,
en el óvulo y el espermatozoide.
El verdadero Yo es lo que fuimos, somos y
seremos.

-45-

Siguiendo a Cioran, si existe
un destino, existe antes de nacer
y después de vivir, pero mientras existimos
la gracia del vivir radica
en no aceptar ningún destino.

-46-

Siempre hemos estado
en el universo, nuestro estado natural
no es nacer ni morir.

-47-

Nacemos para los otros, no para
nosotros mismos, por eso nadie
recuerda su nacimiento.

-48-

Sin yo no hay conciencia ni viceversa,
ambos se interrelacionan
y se crean mutuamente.

-49-
La realidad no está en las palabras,
pero lo que se dice busca aproximarse
peligrosamente.

-50-

Lo único palpable es que somos
universo, vida, tierra, agua y luz.

IV - FLUIR CON LA VIDA

**Si fluyes con la vida,
eres sabio y feliz.**

-1-

El conocimiento es parcial.

-2-

La sabiduría está en la totalidad
de la vida.

-3-

Antes de transcender
el conocimiento hay que tenerlo.

-4-

El conocimiento se adquiere,
la sabiduría se vive.

-5-

No hay personas sabias y felices.
La sabiduría y la felicidad son sin ego.

-6-

El conocimiento es del pensamiento,
la sabiduría de la vida.

-7-

Si quieres ser sabio y feliz, fluye
con la vida, vive la totalidad de la vida.

-8-

Fluir con la vida es salirse de
la trampa de querer felicidad
excluyendo la infelicidad.

-9-

Fluir con la vida es confiar
en el trabajo que la vida hace
por sí misma.

-10-

Cuando se vive desde el saber
uno se aleja de la totalidad de la vida,
presente en la niñez.

-11-
La ilusión de saber nos aleja
de nuestra verdadera naturaleza
que está más allá de las ideas.

-12-

Algo sabemos sobre cómo son
las cosas, pero sobre Lo-Que-Son
nada se sabe.

-13-

El qué, Lo-Que-Es, queda fuera
de la ciencia.

-14-

El conocimiento técnico existe, pero
aquí nos preguntamos sobre
el qué de las cosas.

-15-

La respuesta a toda pregunta última
es no sé, aunque el ego se resista.

-16-

Nacimos de la naturaleza y a ella
pertenecemos, aunque con la cultura
tenemos la ilusión de ser otra cosa.

-17-

Somos un proceso que
no conocemos.

-18-

Ve todo como es: un misterio
extraordinario y maravilloso.

-19-

Todo conocimiento es ficción,
sólo los hechos son verdaderos.

-20-

Los problemas surgen
al identificarte con lo que no eres.

-21-

¡Cuídate de la felicidad del ego!

-22-

Conciencia presente es conciencia
despierta.

-23-

Ser es amor y tú eres amor. Cuando
lo aceptas reflejas la unidad de la vida.

-24-

El amor solo llega a quien lo acepta.

-25-

Es comprensible tener fe y creer
en el enigma de Dios.

-26-

Abandonar las creencias es el inicio
de lo espiritual.

-27-

Para ser sabio y feliz deja de creer.

-28-

Cuando veas u oigas la palabra Dios,
entiéndela como vida y todo encaja.

-29-

La persona vive en el espacio-tiempo,
nunca en el ahora.

-30-

La inexistente persona es la que
se siente fuera del universo y habla
de realidad.

-31-

Yo soy es presencia, es amor.
Por ello la conciencia presente,
despierta o pura, es igual a Dios,
a lo sagrado o espiritual.

-32-

La vida es un proceso enigmático.

-33-

Todo lo hace la vida a través
de nosotros.

-34-

Fluir con la vida es aceptar
lo que somos.

-35-

Hacer siempre nuestro mejor esfuerzo
y aceptar sus resultados
es fluir con la vida.

-36-

Fluir con la vida es ver que el libre
albedrío, como se le entiende,
es ilusorio.

-37-

Permitir el fluir de la vida es hacer
nuestra diaria tarea con una actitud
relajada, de forma espontánea.

-38-

Dejar que la vida fluya es comprender
que los eventos suceden, las acciones
son hechas y las consecuencias ocurren,
sin ninguna persona como hacedor,
como enseñó el Buda.

-39-

Permitir que la vida fluya es aceptar
que estamos condicionados
por situaciones que nos sobrepasan.

-40-

Fluir con la vida es observar
la interrelación de los opuestos
que están en la base del universo
y de la vida.

-41-

Utiliza la mente como si fuera
un espejo, que no se aferra a nada,
ni rechaza nada,
recibiendo sin retener,
como enseñaba Chuang Tzu.

-42-

Fluir con la vida es comprender
que en nosotros se va desarrollando
una historia personal que es parte
de la historia universal.

-43-

Dejar que la vida fluya es ver que
el verdadero Yo es el mismo universo
que nos constituye.

-44-

Fluir con la vida es vivenciar
que todo depende de todo,
y que es el pensamiento
el que divide y clasifica.

-45-

Hacerse uno con el fluir de la vida
es vivir la historia que el universo escribe
a través nuestro.

-46-

Fluir con la vida es regresar
al origen, sin principio ni final.

-47-

Fluir con la vida es el despertar
de la conciencia que comprende
y vivencia la inexistencia del yo.

-48-

La vida fluye cuando existe
el despertar o iluminación,
pero sin que nadie despierte
ni se ilumine.

-49-

Cuando el animal que somos
se percata de no ser lo que creíamos
ser, nos hacemos uno
con el fluir de la vida.

-50-

Fluir con la vida es éxtasis, liberación,
felicidad y sabiduría.

V - VIVIR ES SUFICIENTE

**Se trata de vivir
con la exactitud de no morir
y de morir con la seguridad
de haber vivido a plenitud.
Jesús Enrique Barrios**

-1-

Nada hay que hacer para ser sabio
y feliz, vivir es suficiente.

-2-

Vivir es conciencia presente,
que es unión con la totalidad
de la vida.

-3-

Nadie es sabio y feliz porque
la persona no existe.

-4-

Sabiduría es no identificarse
con la ilusoria persona.

-5-

Cuando dices me duele surge
la ilusión de dos cosas separadas,
pero cuerpo y dolor son uno solo.

-6-

Ser feliz contribuye a que la vida
sea más noble y más hermosa.

-7-

Ante lo sagrado de la existencia
todo se subordina. Einstein

-8-

Tener conciencia despierta ante
lo sagrado, maravilloso y misterioso
que es la vida basta para compensar
las penas del vivir.

-9-

Despertar ante la totalidad
de la vida hace surgir la alegría
que acompaña nuestra existencia.

-10-

La verdad es lo que existe,
es la llamada realidad. Por eso
la felicidad y la sabiduría surgen
de la aceptación de la realidad,
con su incertidumbre.

-11-

Para ser uno con la totalidad
de la vida, lo único necesario
es percibir directamente,
sin pensar.

-12-

Vivir es suficiente para ser sabio
y feliz, sólo se requiere trascender el
pensamiento y estar alerta sin juzgar.

-13-

Sin pensar, la vida es suficiente para la
felicidad y la sabiduría, aunque
esas palabras sobran cuando
se trasciende el pensamiento.

-14-

Fuera de la mente no hay sabiduría ni
felicidad, pero se sigue vivo y
para describir lo que pasa cuando
el pensamiento cesa, hay que usar
palabras: cierta felicidad
y cierta sabiduría.

-15-

...Vivir es suficiente para la felicidad
y la sabiduría porque trascendiendo
la mente está la totalidad de la vida, sin
preguntas ni problemas.

-16-

La vida es sabia y feliz,
si lo dudas,
mira a un niño.

-17-

Somos la totalidad de la vida
y en ella están la sabiduría
y la felicidad.

-18-

Para ser sabios y felices,
vivir a plenitud es suficiente,
nada impide la felicidad
y la sabiduría.

-19-

Ya somos todo
lo que podemos ser.

-20-

No hay nada que hacer para
la sabiduría y la felicidad, basta
con aceptar la vida como es,
con sus penas e incertidumbres.

-21-

La vida sorprende y fascina, despertar
ante lo maravilloso
y asombroso que es vivir,
colma de gozo.

-22-

La sabiduría y la felicidad
son inmanentes a la vida,
y por eso son inminentes.

-23-

Vivir es suficiente para tener
acceso a las maravillas de la vida.

-24-

   La felicidad y la sabiduría
son consustanciales con el animal
que somos.

-25-

   Para la sabiduría y la felicidad
el pensamiento sobra.

-26-

   El pensamiento inventa
una felicidad y una sabiduría
que no existen.

-27-

   Hay sabiduría y felicidad
en la actividad del cosmos.

-28-

Felicidad y sabiduría son
inherentes a la vida,
fluyen con ella.

-29-

La sabiduría y la felicidad
se revelan en el silencio de la mente.

-30-

Felicidad y sabiduría danzan juntas.

-31-

Vivir el eterno presente es fuente
de sabiduría y felicidad.

-32-

La vida es un don
y hay que vivirla
con sus angustias.

-33-

Vivamos el enigma de la sabiduría
y la felicidad.

-34-

Para ser sabio y feliz
acepta los resultados de tus actos:
son impredecibles.

-35-

Para ser feliz y sabio, sigue
la sugerencia de Goethe: “No te olvides de
vivir”, lo que
para Montaigne es:
“No olvidarse de la diaria tarea”.

-36-

Quédate tranquilo, deja de buscar
la felicidad y la sabiduría.

-37-

Para ser sabio y feliz, basta con vivir
de modo conveniente.

-38-

Felicidad y sabiduría, siguiendo
a Trungpa, es bailar con la vida.

-39-

Sabiduría y felicidad es
contemplar sin ego.

-40-

La felicidad y la sabiduría
se viven
y no se sabe cómo.

-41-

Eres sabio y feliz sin ninguna razón.

-42-

Para ser feliz y sabio,
atrévete a ser lo que eres.
Lo recomienda Nietzsche.

-43-

Para ser sabio y feliz,
debes aceptar lo inaceptable.

-44-
Si vivimos la nada que somos,
vivimos con sabiduría y felicidad.

-45-

Si aprendes a reírte de ti mismo,
tu dicha no tendrá fin,
dice el proverbio.

-46-

En el presente de la vida
está la felicidad
y la sabiduría.

-47-

¡Despiértate!
Vivir es suficiente.

-48-

Soy un hombre de fe,
creo en el enigma de Dios.

-49-

Vivir y nada más, es la absoluta
dicha, dice el poeta Jorge Guillén.

-50-

Rafael Cadenas pregunta:
Si lo que existe nos parece poco,
¿qué puede sosegarnos?

VI - VIVIR ES DEMASIADO

**La vida es demasiado libre y total
para ser entendida.**

-1-

La vida es demasiado:
éxtasis y más éxtasis.

-2-

Al despertar del sueño dogmático
se trasciende el pensamiento,
y eso es cambiar radicalmente.

-3-

La vida es demasiado enigma.

-4-

La totalidad de la vida se manifiesta
cuando el pensamiento cesa
de fragmentar la vida.

-5-

La vida es demasiado milagro,
demasiada casualidad,
demasiada sorpresa.

-6-

El pensamiento no puede
trascenderse a sí mismo.

-7-

La vida es demasiado bella
y maravillosa.

-8-

Si observas lo suficiente verás
que el pensamiento
no siempre está presente.

-9-

La vida es demasiado perfecta,
demasiado epifanía.

-10-

La felicidad es un gozo consustancial
a la naturaleza,
es la vida misma.

-11-

Felicidad es presencia sin ego.

-12-

Trascender el pensamiento
es absurdo:
desaparece la persona.

-13-

La vida es: demasiadas sensaciones,
demasiadas experiencias,
demasiados sentimientos.

-14-
La felicidad es ahora o nunca.

-15-

La vida es demasiado misteriosa.

-16-

Felicidad es decirle sí a la vida
sin condiciones.

-17-

La vida es demasiado:
es todo y es nada.

-18-

Sin pensamientos somos
la inmensidad cósmica.

-19-

La vida es demasiado contradictoria
y paradójica.

-20-

El instante es infinito.

-21-

La vida es demasiado:
convive con la muerte.

-22-

La felicidad no es contraria
a la ignorancia, al dolor o la tristeza,
pero sí lo es a la mentira.

-23-

Vivir es demasiado bueno.

-24-

Siendo uno con el todo
¡cómo no sentir gozo!

-25-

La vida es demasiado:
parece obra de Dios y del diablo.

-26-

La felicidad es la sensación
de no ser nada por ser todo.

-27-

La vida es demasiada obligación,
hay que aceptarla, no tenemos otra.

-28-

La vida es un misterio tremendamente
hermoso.

-29-

La vida libera y esclaviza.
Es demasiado.

-30-

Hay algo que tiene que ser eterno,
de lo contrario no hubiera nada.

-31-

La vida es demasiado
y posiblemente extravío.

-32-

El pensamiento interfiere
con la eternidad.

-33-

La vida es demasiado presente
y demasiado ahora.

-34-

La vida es eterna y siempre
ha sido posible,
lo prueba tu existencia.

-35-

La vida es desmesura,
demasiada desmesura.

-36-

Somos Eso, lo impensable
e inefable.

-37-

La vida es anunciación,
demasiada anunciación.

-38-

Eso, lo que somos,
está más allá de la vida
y de la muerte.

-39-

Vivir es demasiado dolor,
demasiada incertidumbre.

-40-

Se soslaya lo que siempre hemos sido
y jamás dejaremos de ser.

-41-

La vida es demasiado asombro.

-42-

Despierta al instante presente,
corta los lazos con lo conocido.

-43-

La vida es demasiada perplejidad.

-44-

Ser es más importante que
nacer y morir.

-45-

Vivir es amor. Demasiado amor
y demasiadas emociones.

-46-

Vivir es demasiada corporeidad
precaria.

-47-

Las conclusiones no contribuyen con la
sabiduría, pero si refuerzan el ego.

-48-

Sin el pensamiento
queda la vida.

-49-

De la totalidad de la vida
surge la alegría de ser.

-50-

No sabemos qué somos,
pero nos consideramos importantes.

VII – FELICIDAD Y SABIDURÍA

"La sabiduría de este mundo es pura tontería".

Primera carta de San Pablo a los Corintios 3, 19.

La Biblia de Sociedades Bíblicas Unidas.

-1-

Eres sabio y feliz cuando
la persona no está.

-2-

Sabiduría y felicidad van juntas, están
al lado del gozo, de la paz interior, del
amor, de la vida.

-3-

La vida es sabia, no la persona.

-4-

¿Quieres ser sabio y feliz? ¡Vive!

-5-

La sabiduría y la felicidad
no se logran,
nos visitan.

-6-

¿Quieres sabiduría y felicidad? Renuncia
a ellas.

-7-

La sabiduría lleva a la felicidad
y viceversa.

-8-

Sabiduría y felicidad
son caras de una misma moneda.

-9-

Si te identificas con las ideas,
la sabiduría
y la felicidad
desaparecen.

-10-

Saber impide
la sabiduría.

-11-

La sabiduría y la felicidad
están en la vida,
no en la mente.

-12-

    Sabiduría y felicidad
no surgen de la razón.

-13-

    El ego crea sabidurías y
felicidades ficticias.

-14-

    Las definiciones de sabiduría
y felicidad
son fatuidades.

-15-

    La verdadera felicidad
y sabiduría se viven,
sin teorías.

-16-

La sabiduría y la felicidad
que conoces
son de la mente,
son invenciones,
no son reales.

-17-

Sabiduría y felicidad son palabras,
y las palabras no son la realidad.

-18-

Existen la sabiduría y
la felicidad
y están ahí.

-19-

La sabiduría y la felicidad
están más allá de la mente.
Son el camino y no la meta.

-20-

La persona vive en tiempo y espacio, en cambio, la felicidad y la sabiduría son sin tiempo.

-21-

Sabiduría y felicidad son ahora
o nunca.

-22-

El cuerpo no necesita a la persona para ser feliz.

-23-

Ser sabio es aceptar la ignorancia.

-24-

La sabiduría y la felicidad
son siempre en presente.

-25-

Eres naturaleza
aunque creas ser otra cosa.

-26-

Sabiduría y felicidad son eternas
y los conceptos no.

-27-

Los conceptos de felicidad y sabiduría
son ficciones de la mente.

-28-

Felicidad y sabiduría coexisten
con lo feo de la vida.

-29-

Felicidad
y sabiduría
vienen de la verdad.

-30-

Sabiduría y felicidad se viven,
son hechos, no ideas.

-31-

¡Únete a la felicidad y
a la alegría de vivir!

-32-

Permite que la vida sea como es,
sin interpretaciones.

-33-

La vida es siempre ahora,
como la felicidad.

-34-

Si le das la bienvenida a la vida, como
venga, ella también será amistosa
contigo.

-35-

Nuestro origen es sabiduría y felicidad.
Ese es nuestro hogar
y nuestro destino.

-36-

No busques nada y serás
lo que ya eres,
tú mismo.

-37-

La felicidad y la sabiduría, verdaderas,
son las que surgen de vivir
y nada más.

-38-

El propósito de la vida es
despertar
a la sabiduría y a la felicidad.

-39-

La felicidad y la sabiduría
no surgen de "hacer"
sino de "vivenciar".

-40-

Si la sabiduría y la felicidad no están en
un sitio en particular, nada tienes que
hacer para conseguirlas.

-41-

Si ves tu ignorancia
hay sabiduría.

-42-

Fluir es suficiente
para la plenitud de la vida.

-43-

Sabiduría y felicidad
es vivenciar el presente eterno.

-44-

Eres un proceso que no conoces,
fluye con él.

-45-

Tú esencia está en la vida,
no en la mente ni en las palabras.

-46-

La vida es maravillosa
mientras no la desperdicies
tratando de ser alguien.

-47-

El cuerpo no necesita a la persona para
sus orgasmos.

-48-

Abandonar las creencias
es un requisito para
la sabiduría y la felicidad.

-49-

Hay felicidad y sabiduría
cuando cesa
la identificación con el yo.

-50-

La sabiduría y la felicidad surgen
de la aceptación de la vida como es,
con su cuota de dolor, estupidez, horror,
crueldad e incertidumbre.

Los eventos suceden, las acciones son
hechas,
las consecuencias ocurren,
pero no hay ningún hacedor.
Buda

En el mismo momento en que creas ser
sabio y feliz, dejas de serlo.

Soy feliz. Pero si me lo preguntas
ya no lo sé.

Autores consultados.

Este texto tiene influencia de mis lecturas de Heráclito, Parménides, Krishnamurti, Laotse, Buda, Sócrates, Einstein, Ramana Maharshi, Osho, Nisargadatta Maharaj, Ramesh Balsekar, Platón, Aristóteles, Descartes, Kant, Nietzsche, Wittgenstein, Comte-Sponville, Heidegger, Shopenhauer, Cioran, Montaigne, Rafael Cadenas, Eckhart Tolle, Jeff Foster, entre otros. Igualmente, tiene aportes filosóficos, literarios y poéticos de mis tertulias con Jesús Enrique Barrios y Florencio Sánchez.

Petición

Amiga o amigo lector, agradezco tu comentario, preferiblemente en Amazon, al lado del libro o enviado a mis redes sociales:

rey253@hotmail.com.
reinaldorodriguez@facebook.com

Reinaldo Rodríguez Anzola ha explorado cuestiones filosóficas, científicas y místicas y publicado libros y artículos de prensa. Ha sido columnista de los diarios El Nacional y El Impulso en Venezuela, consultor jurídico de una filial de Petróleos de Venezuela S.A., montañista, lector, observador, amante y peregrino. Tiene cinco hijos y vive en Caracas.

Otros libros del autor

La vida un misterio
tremendamente hermoso
¡Qué vaina tan buena es vivir!
ISBN:980-12-0853-8 (agotado)
Prólogo de Jorge Portilla

¡DISFRUTA AHORA!
Es más tarde de lo que piensas
–A la luz de la sabiduría
de Einstein y Rafael Cadenas–
amazon.com/dp/b00ds76c04
Prólogo de Jesús Enrique Barrios
Palabras de Rafael Cadenas

A la luz de la sabiduría
amazon.com/dp/b00Fi7LPFE
Prólogo de Jorge Portilla
Presentación de Rafael Cadenas
Palabras de José pulido

Vivir y nada más
amazon.com/dp/b00gazork8
Prólogo de Jorge Portilla

Razones para ser feliz
¡Cómo lograrlo!
amazon.com/dp/b00h3wyt8w
Prólogo de José Pulido

Tú no existes
amazon.com/dp/b00hwm712o
Prólogo de Bill Quik

Vida y Conciencia
amazon.com/dp/b00i5pbh6i

¿Qué somos?
amazon.com/dp/b00ijb8lus

¿Sabemos algo?
amazon.com/dp/b00ig6fn3E

¿Somos libres?
amazon.com/dp/b00iopsgmc

Lo-Que-Es
amazon.com/dp/B00I5PBH6I

Pensamiento y silencio
amazon.com/dp/b00Lfq7dbw

¡Despiértate!
La vida es una fiesta
o un paseo ¡escoge!
amazon.com/dp/b00muz7yji

Vida y Muerte
amazon.com/dp/b00oijns5s

Reasons to be happy
How to achieve it!
amazon.com/dp/b00ty4kw7e
Inglés / Español
Prologue: José Pulido

Ragioni per essere felici
Come riuscirci!!
amazon.com/dp/B00qnw1r2o
Italiano / español
Palabras de José Pulido:
Reinaldo e la felicità

¿Pretendes ser feliz?
La felicidad en 7 capítulos
amazon.com/dp/b00vghzwr2

A....Z infinito de la vida
amazon.com/dp/b01326y5pe

Vida Plena
amazon.com/dp/b01bpxuy56

Vivir Amar Gozar y Reír
amazon.com/dp/b015wmbeua

Amar ...colma de gozo
amazon.com/dp/b01cwl9m1a

You do not exist
Bilingual English-español
amazon.com/dp/b01abhgk5a

Being happy
English-Deutsch-Italiano-español
amazon.com/dp/B01B336ox4
Papel ISBN 1549825445

La vida tal como es
amazon.com/dp/B01EOLZTE6

GRÜNDE ZUM GLÜCKLICHSEIN
Wie erreicht man das!
amazon.com/dp/B0169P75ZM
Traducción al alemán:
Herlinda Stockner

¿Sabes Vivir?
amazon.com/dp/B01FLERNMC

Si Dios existiera
amazon.com/dp/B01hc5i9ps
Prólogo de Jorge Portilla

Incertidumbres
amazon.com/dp/B01ICKV9H2

No-Saber
amazon.com/dp/ B01LWZOI20

Espiritualidad
amazon.com/dp/B01N3R0WUM

Verdades
amazon.com/dp/B01NA9HJQC

Asertos y Preguntas
amazon.com/dp/B01N9JT35N

Truths?
¿Verdades?
amazon.com/dp/B01MTGH4PO

Inteligencia
amazon.com/dp/B06XCF815Z

Ser - Presencia
amazon.com/dp/B07283HFST
Papel ISBN 9781521446485
Prólogo de Jorge Portilla

¡Asómbrate!
Somos enigmas
amazon.com/dp/B073YM7YN8
Papel ISBN 9781521871447
Prólogo de Jorge Portilla

Ilusión - Presencia
amazon.com/dp/B077PVLRM7
Papel ISBN 9781973369431

DIOS – Habladurías
amazon.com/dp/B06WRRXJVQ
Papel ISBN 9781520599144
Prólogo de Jorge Portilla

Intelligence
amazon.com/dp/B075PKY61Y
Papel ISBN 9781549765605

Realidad - Presencia
amazon.com/dp/B079Z2FXWM
Papel ISBN 1980671346

Rafael Cadenas
amazon.com/dp/B079T1BQ1V

Presencia Ser-Ilusión-Realidad
amazon.com/dp/B07ckl5wjh
En papel ISBN9781980917137
Prólogo de Jorge Portilla

Presencia no-dual
amazon.com/dp/B07CZV36Q5
Prólogo de Jorge Portilla

www.ingramcontent.com/pod-product-compliance
Lightning Source LLC
Chambersburg PA
CBHW031409250726
48656CB00002B/608